CATALOGUE

des

Tableaux Anciens

et Modernes

✢

PORTRAITS

des Écoles Française, Flamande, Hollandaise, Italienne, etc.

PAR OU ATTRIBUÉS A :

P. *Alboni*, E. *Aubry*,
L. *Boilly*, P. *Breughel*, J.-B. *Charpentier*.
Ch. *Coypel*, de *Condamy*, S. de *Vos*, G. *Doré*.
M. *Drolling*, *Giran-Max*, *Grimoud*, D. *Hals*, J. *Jordaens*,
Le *Nain*, *Michel*, M. *Mierevelt*, N. *Molenaer*, B. *Monnoyer*,
A. *Point*, F. *Pourbus*, J. *Ruisdael*, P. P. *Rubens*,
F. *Snyders*, A. *Van Dyck*, J. *Van Goyen*,
B. *Van der Helst*, M. *Van Loo*,
J. *Vernet*, E. *Yartz*,
etc., etc.

DONT LA VENTE AURA LIEU A PARIS

HOTEL DROUOT — SALLE Nᵒ 3

Le Mercredi 7 Décembre 1904,
à 2 heures

Mᵉ Louis **GARNAUD**	M. Gaston **NEUMANS**
COMMISSAIRE-PRISEUR	EXPERT
115, *Faubourg Poissonnière*, 115	50, *rue Saint-Georges*, 50

EXPOSITION PUBLIQUE

Le *Mardi* 6 *Décembre* 1904 de 2 à 6 heures

CONDITIONS DE LA VENTE

Elle sera faite au comptant.

Les Acquéreurs paieront 10 o/o en sus des prix d'adjudication.

L'Exposition mettant le public à même de se rendre compte de la nature et de l'état des objets, il ne sera admis aucune réclamation une fois l'adjudication prononcée.

Tableaux Anciens

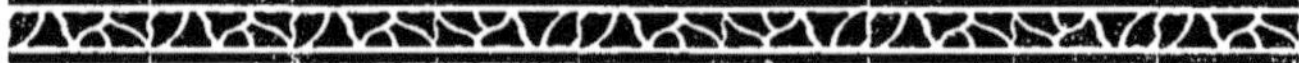

TABLEAUX ANCIENS

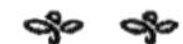

ALBONI (Paul).

Bologne, 1734.

1 — Paysage montagneux, animé de nombreuses figures et animaux. Tableau traité dans la manière de Breughel de Velours.

Signé à gauche et daté 1715.

Cuivre. Haut. o^m59 ; larg. o^m43.

AUBRY (attribué à Etienne).

Versailles, 1745-1781.

2 La visite à la nourrice.

Cadre en bois sculpté.

Toile. Haut. o^m5o ; larg. o^m65.

BOILLY (Louis-Léopold).

La Bassée, 1761-1845.

3 — Portrait de femme.

Toile. Haut. o^m22 ; larg. o^m16.

BOILLY (attribué à L. L.).

4 — Portraits d'homme et de femme.

Bois. Haut. om25 ; larg. om20

BREUGHEL (Pierre-le-Vieux).

Bois-le-Duc, 1569.

5 — La Kermesse.

Des paysans sont assis autour d'une grande table, à la porte d'un cabaret ; ils boivent et chantent ; l'un d'eux jour de la vielle ; tandis que d'autres dansent en rond, plus loin d'autres paysans vont se battre.

Importante et belle composition.

Collection Barbier de Nancy.

Bois. Haut. 0m60 ; larg. 0m85.

BREUGHEL (Ambroise).

Anvers, 1617-1675.

6 — Fleurs et Fruits.

Deux tableaux formant pendants.

Cuivre. Haut. 0m16 ; larg. 0m22.

BRIL (Paul).

Anvers, 1556-1626.

7 — Château en ruine.

Bois. Haut. 0m52 ; larg. 0m66.

CHARPENTIER (attribué à Jean-Baptiste).

8 — La Cueillette des cerises.

Cadre en bois sculpté.

Toile. Haut. 0m54 ; larg. 0m65.

COYPEL (Charles).

Paris, 1694-1752.

9 — Portrait d'une dame de qualité.

Elle est représentée jusqu'aux genoux, debout tournée de trois quarts à gauche, la main gauche appuyée sur son manteau. Les cheveux châtains, relevés, sont ornés de perles, elle porte une robe de soie grise garnie de broderies d'or et de perles, décolletée sur une fine chemise de dentelle, les bras demi-nus retiennent un manteau de velours bleu. Dans le fond un paysage.

Beau cadre en bois sculpté de style Louis XV,

Toile. Haut. 1m05; larg. 0m80.

CUYP (attribué à Jacques Gerritse).

Dordrecht, 1575.

10 — Portrait d'homme.

Toile. Haut. 0m50; larg. 0m40.

DE VOS (Simon).

Anvers, 1603-1676.

11 — **La Flagellation.**

Deux bourreaux flagellent le Christ nu attaché sur la croix; de chaque côté se tiennent des soldats à cheval, les saintes femmes pleurent en contemplant la scène,
Importante composition traitée dans le style de Van Dyck.
Signé à droite, S. De Vos inv. et Fe..., daté 1642,
Cadre en bois sculpté.

Cuivre. Haut. 0m72; larg. 0m87

DROLLING (attribué à Martin).

Oberbergheim, 1752-1817.

12 — **Les Amoureux.**

(Cadre en bois sculpté).

Bois. Haut. 0m35; larg. 0 m25

DUJARDIN (d'après Carle).

Amsterdam, 1678.

13 — Portrait d'un seigneur hollandais.

Toile. Haut. 0m25 ; larg. 0m19.

FLINCK (Govert).

Clèves, 1615-1660.

14 — Jeune paysanne hollandaise.

(Cadre en bois sculpté).

Toile. Haut. 0m73 ; larg. 0m60.

FRANCK (un des nombreux).

École flamande xvii' siècle.

15 — La Vierge à l'Enfant entourée d'anges.

Cadre en ébène.

Cuivre. Haut. 0m57 ; larg. 0m42

GRIMOUD

Romont, 1680?-1740?

16 — Jeune fille accoudée à une fenêtre.

Toile. Haut. 0m65 ; larg. 0m54.

HALS (Dirck).

Haarlem, 1589-1656.

17 — La Partie de musique.

Bois. Haut. 0m44 ; larg. 0m62.

HEINSIUS (attribué à Jean-Jules).

Weimar, 1740-1812.

18 — Portrait d'une famille, époque de Louis XVI.

Une demeure seigneuriale occupe le fond du tableau, la mère assise à gauche, elle est vêtue d'une robe de soie verte garnie de dentelle, décolletée, un collier de perles autour du cou ; ses cheveux blonds, poudrés, relevés, sont ornés de grandes plumes blanches, auprès d'elle se tient son fils. Le père assis à droite lui présente une bonbonnière, sa fille est appuyée contre lui ; au milieu d'eux se tient un jeune homme. Tableau d'un grand effet décoratif. Ces portraits rappellent ceux de Louis XVI et de Marie-Antoinette.

Cadre en bois sculpté.

Toile. Haut. 2m83 ; larg. 1m88.

HONDIUS (attribué à Abraham).

Rotterdam, 1638-1691.

19 — La Chasse au sanglier.

Toile. Haut, 0^m83 ; larg. 1^m20.

HONTHORST (Gérard Van).

Utrecht, 1590-1656.

20 — Jeune femme jouant de la guitare.

Bois. Haut. 0^m52 ; larg. 0^m42.

JORDAENS (Jacques).

Anvers, 1593-1678.

21 — Satyre.

Étude.

Toile. Haut. 1^m18 ; larg. 0^m18 ; larg. 0^m83.

KESSEL (Jean Van).

Anvers, 1626-1678.

22 — Combats d'animaux.

Deux tableaux formant pendants.

Cuivre. Haut. 0^m18 ; larg. 0^m24.

LE NAIN (attribué aux frères).

Laon, 1606-1677.

23 — Jeune pâtre.

Toile. Haut. 0^m45 ; larg. 0^m40.

MACHY (attribué à Pierre Antoine de).

Paris, 1722-1807.

24 — Ruines.

Gouache.

Haut. 0^m34 larg. 0^m26.

MAES (Dirck).

Haarlem, 1656-1717.

25 — Réunion de personnages.

Toile. Haut. 0^m47 ; larg. 0^m55.

MARTIN (Genre de Jean-Baptiste).

Paris, 1659-1735.

26 — Halte de cavaliers.

Toile. Haut. 0^m40 ; larg. 0^m47.

MIEREVELT (attribué à Michel Jean.

Delft, 1567-1641.

27 — Portrait présumé de Guillaume de Nassau, prince d'Orange.

Vu à mi-corps de trois quarts à droite. Il porte une cuirasse damasquinée d'or, un col de dentelle retombe sur les épaules. La carnation toute de fraîcheur contraste d'une manière frappante avec le fond sombre. Ce portrait d'un grand caractère est savamment modelé.

Bois. Haut. 0m64; larg. 0m52.

MIERIS (d'après Guillaume Van).

Leyde 1662-1747.

28 — Le Fumeur.

Bois. Haut. 0m32 ; larg. 0m.25

MOLENAER (Nicolas)

Amsterdam, 1649.

29 — Village hollandais en hiver. (Scène de patinage.)

Toile. Haut. 1m00 ; larg. 1m55.

MONNOYER (Baptiste)

Lille, 1636-1699

30 — Fleurs dans un vase.

Toile. Haut. 0m83 ; larg. 0m67.

PALAMÈDES (attribué à Antoine Stevens).

Delft, 1646.

31 — Jeune dame hollandaise à sa toilette.

Cuivre. Haut. 0m51 ; larg. 0m37.

PANNINI (attribué à Jean-Paul).

Plaisance, 1692-1765.

32 — Temple en ruines.

Toile. Haut. 0m92 ; larg. 1m60.

PILLEMENT (Jean)

Lyon, 1728-1808

33 — Paysages décoratifs.

Deux tableaux formant pendants.

Toile. Haut. 0m53 ; larg. 0m64.

POURBUS (Frans).

Bruges, 1545-1581.

34 — Saint-François d'Assise recevant les stigmates.

Cadre en bois sculpté.

Bois. Haut. 1m05 ; larg. 0m75.

RIGAUD (École de Hyacinthe).

Perpignan, 1659-1743.

35 — Portrait d'un magistrat.

Toile. Haut. 1m10 ; larg. 0m85.

ROSA DE TIVOLI

Franckfort-sur-le-Mein, 1655-1705.

36 — Troupeaux de chèvres et moutons.

Deux tableaux formant pendants.

Toile. Haut. 1m00 : larg. 1m30.

RUBENS (Pierre-Paul).

1577-1640.

37 — Les Scieurs de bois.

Esquisse du tableau nº 2117 de la grande galerie du Louvre. Collection Ravaisson-Mollien.

Toile marouflée sur bois. Haut. 0m26 ; larg. 0m34.

RUBENS (école de Pierre-Paul).

38 — Amour.

Toile. Haut. 1m00 ; larg. 1m30.

RUISDAEL (attribué à Jacques).

Haarlem, 1628-1682.

39 — La Mare.

Au premier plan, des pêcheurs relèvent leurs filets au bord d'une mare entourée de collines sablonneuses ; à gauche, un bouquet d'arbres se profile sur un ciel lumineux chargé de nuages. Beau paysage très pittoresque de composition rappelant le caractère triste et poétique du maître.

Collection Barbier de Nancy.

Toile. Haut. 0m47 ; larg. 0m75.

SCHOEVAERDTS (Mathieu).

Bruxelles, xviiᵉ siècle.

40 — Port de mer.

Toile. Haut. 0m35; larg. 0m45.

SVYDERS (Frans.

Anvers, 1579-1657.

41 — Chien dévorant un morceau de viande.

Toile. Haut, 1m10; larg. 1m56.

VAN DER HELST (attribué à Barthélemy).

Ecole hollandaise, 1670.

42 — Portrait d'un homme de guerre.

Vu à mi-corps, de trois quarts à droite, les cheveux longs et pendants sur les épaules le visage souriant, il porte une cuirasse, un jabot blanc lui entoure le cou et retombe sur la poitrine.

Toile. Haut. 0m80; larg. 0m60.

VAN DYCK (attribué à Antoine).

Anvers, 1599-1641.

43 — Portrait d'un gentilhomme.

Il est représenté en buste, le visage tourné vers la droite, les cheveux longs, la moustache et la barbiche blonde, un col de dentelle retombe sur les épaules.

Bon portrait, belle expression.

Cadre en bois sculpté.

Toile. Haut. 0m57; larg. 0m46.

VAN GOYEN (attribué à Jan).

Leyde, 1596-1666.

44 — Village hollandais.

Bois. Haut. 0m30; larg. 0m44.

VAN HELMONT (Mathieu).

Bruxelles, 1650-1719.

45 -- Diablerie.

Bois. Haut. 0m47; larg. 0m38.

VAN KEULEN (attribué à Janson).

Amsterdam, 1590-1665.

46 — Portrait d'un gentilhomme, en costume noir à collerette.

Cadre en bois sculpté.

Bois. Haut. 0m70; larg.; 0m60.

VAN LOO (attribué à Louis-Michel).

Toulon, 1707-1771.

47 — Réunion de personnages dans un parc.

Toile. Haut. 0m42; larg. 0m36.

VERNET (attribué à Claude-Joseph).

Avignon, 1712-1789.

48 — Le Port de Gènes.

Toile. Haut, 0m85; larg. 0m64.

VERNET (école de Claude-Joseph).

49 — Paysage maritime.

Toile. Haut.0m42; larg. 0m55.

VINCI (d'après Léonard de).

Florence, 1452-1519.

50 — La Joconde.

Très bonne copie de l'époque.

Bois. Haut. 0m77; larg. 0m56.

ECOLE ALLEMANDE (xviie siècle).

51 — Portrait d'une dame de qualité, en costume noir à collerette.

Portrait armoirié,

Bois. Haut. 0m96 ; larg. 0m70.

ECOLE ANGLAISE (xviiie siècle)?

52 — Portrait d'une jeune femme.

Toile. Haut. 0m50 ; larg. 0m55.

ECOLE FRANÇAISE (xviie siècle).

53 — Portraits.

Suite de douze petits portraits d'hommes et femmes (à diviser).

Cuivre. Haut. 0m19 ; larg. 0m15.

ECOLE FRANÇAISE (xviiie siècle).

54 — Sujets galants.

Onze gouaches sur vélin (à diviser).

55 — Portrait d'une jeune dame.

Cadre en bois sculpté.

Toile. Haut. 0m65 ; long. 0m50.

Tableaux Modernes

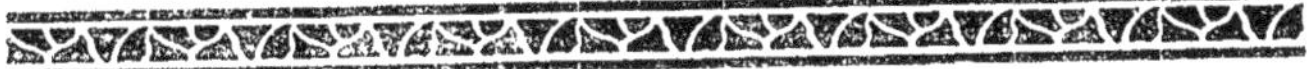

TABLEAUX MODERNES

Aquarelles

DE CONDAMY

56 — Chiens danois.

Deux tableaux formant pendants.

Toile. Haut. 1m47 ; larg. 1m15.

DE JOSSELIN DE JONG

57 — Vieux paysan.

Aquarelle.

Haut. 0m30 ; larg. 0m25.

DEVÉ (E.)

58 — La Fenaison.

Toile. Haut. 0m66 ; larg. sm54.

DEVERIA (attribué à Eugène).

Paris, 1805-1865.

59 — La lecture.

Toile. Haut. 0m57 ; larg. 0m47.

DORÉ (Gustave).

60 — Paysage sous bois. Effet du soir.

Signé à droite.

Toile. Haut. 1m70 ; larg. 1m15.

FLEURY (Léon).

61 — Portrait de femme.
Signé à gauche et daté 1834.

Toile. Haut. 0m35 ; larg. 0m27.

GIRAN-MAX

62 — Bords de l'Oise à Pontoise.

Toile. Haut. 0m47 ; larg. 0m56.

LEGRAND (Théodore).

63 — Paysage d'Automne.

Toile. Haut. 0m56 ; larg. 0m73.

MASURE (G. P.).

64 — Étude de femme drapée.

Toile. Haut. 0m76 ; larg. 0m50.

MICHEL

65 — Effet d'orage.

Toile. Haut. 0m53 ; larg. 0m64.

POINT (Armand).

66 — Intérieur d'une maison à Bou Saada (Algérie).

Toile, Haut. 0m82 ; 0m65.

YARZ (Edmond).

67 — Paysage. — Effet de matin, côtes de Provence.

Toile. Haut. 0m90 ; larg. 1m30.

ÉCOLE FRANÇAISE (Inconnu).

68 — Le lever.

Toile. Haut. 0m46 ; larg. 0m38.

69 — Paysage.
Monogramme J. D. daté 1842.

Toile. Haut. 0m65 ; larg. 0m54.

ÉCOLE RUSSE

70 — **Le Passage difficile.**

Monogramme L. B., daté 1864.

Toile de forme ovale. Haut. 0m77; larg. 0m86.

71 — **Le Traineau.**

Pendant du précédent.

Toile de forme ovale. Haut. 0m77; larg. 0m86.

72 — **Numéros omis.**

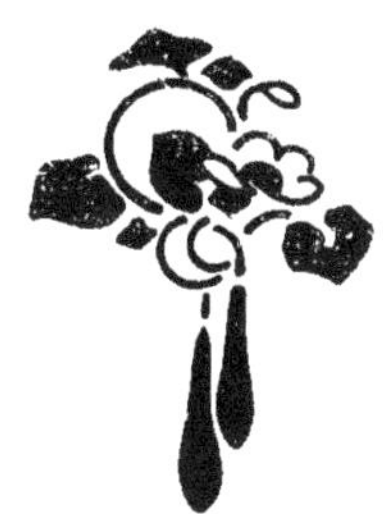

Corot.

— Paysage

Toile. H.0,50 L. 1.10 ?

Cuyp. acqua Cerrits

famille io Clauvoise

en promenade

Toile H. 0,50. L. 1.00

www.ingramcontent.com/pod-product-compliance
Ingram Content Group UK Ltd.
Pitfield, Milton Keynes, MK11 3LW, UK
UKHW031712170726
13836UKWH00001B/197